AF252483

PROJET DE LOI

FINANCIER

PRÉSENTÉ

A LA COMMISSION DU BUDGET

PAR

M. MANUEL CAMACHO

DE VENEZUELA (Amérique du Sud)

(Traduit de l'espagnol)

PARIS

IMPRIMERIE ADMINISTRATIVE DE PAUL DUPONT

41, RUE JEAN-JACQUES-ROUSSEAU, 41

1872

PROJET DE LOI

FINANCIER

PRÉSENTÉ

A LA COMMISSION DU BUDGET

PAR

M. MANUEL CAMACHO

DE VENEZUELA (Amérique du Sud)

(*Traduit de l'espagnol*)

PARIS

IMPRIMERIE ADMINISTRATIVE DE PAUL DUPONT

41, RUE JEAN-JACQUES-ROUSSEAU, 41

1872

PROJET DE LOI

FINANCIER

PRÉSENTÉ

A LA COMMISSION DU BUDGET

A Messieurs les Membres de la Commission du Budget.

MESSIEURS,

Guidé par le seul sentiment de sympathie que m'inspire la France, avec toute l'impartialité d'un étranger, en dehors, par conséquent, de toute préoccupation politique, de toute intrigue de parti, je ne me suis appuyé que sur les doctrines de la science économique que j'ai pratiquée pendant plus de trente ans, pour étudier et formuler le projet de loi que j'ai l'honneur de vous soumettre dans les quelques pages qui suivent.

Je ne compte sur aucune recommandation autre que celle que pourra obtenir ce travail après l'examen de votre honorable Commission.

.C'est avec le plus profond respect que je me dis, Messieurs, votre humble serviteur.

MANUEL CAMACHO.

INTRODUCTION.

Après les graves événements qui ont agité la France,
son gouvernement, sa situation financière se sont trouvés
dans un tel état, que la nécessité absolue de trouver un
moyen pour couvrir le déficit causé par le payement des
deux cent cinquante millions s'est tout d'abord fait sentir
impérieusement et a été l'objet principal de la sollicitude
de l'Assemblée nationale, du Gouvernement et du public
en général.

Mais jusqu'à ce jour aucun des projets qui ont été présentés n'a donné le résultat demandé ; c'est que le remède
à employer est d'une essence toute financière et que le
pays traverse une grande crise. Il demande donc à être
étudié et appliqué selon la science qui enseigne et déter-
mine les règles à suivre. Or, dans tous les projets, dans
tous les moyens proposés jusqu'à cette heure, l'absence
presque absolue de règles et de principes, aujourd'hui
plus que jamais nécessaires, apparaît d'une manière évidente. Il faut que le remède, le projet soit simple et natu-
rel ; il faut surtout qu'il soit général, qu'il ne lèse les intérêts d'aucune localité, qu'il n'impose pas des charges
nouvelles à un seul genre d'affaires, à une seule branche

de commerce ou d'industrie; qu'il s'impose également à tous. On évitera par là de donner un juste prétexte à l'opposition de la partie lésée dans ses intérêts, opposition sur laquelle ne manqueraient pas de spéculer les agitateurs politiques qui chercheraient à tirer parti contre le Gouvernement des alarmes, de l'inquiétude, qu'entraîneraient des mesures partielles, d'autant plus qu'il n'y a pas aujourd'hui en France une seule industrie, un seul genre d'affaires, une seule branche de commerce qui ne soient plus ou moins bouleversés, menacés dans leurs intérêts, ou qui n'aient été atteints par les conséquences des derniers événements encore présents à la mémoire de tous. C'est ainsi que tout projet qui tendrait à augmenter les charges qui pèsent sur tel ou tel genre d'affaires, sur telle ou telle industrie est en dehors des règles de la science et expose le pays et son gouvernement à des suites désastreuses. La crise que nous traversons, en effet, est telle que le Gouvernement et l'Assemblée ont grand besoin des sympathies et de l'appui de tous pour mener à bonne fin la mission de donner à la France le régime qui doit présider à ses destinées; grande mission qui ne manquera pas d'immortaliser les noms de ceux des membres de l'Assemblée et du Gouvernement qui, dominant de mesquines aspirations, auront su donner à leur patrie les inestimables bienfaits de l'ordre, de la liberté, avec un gouvernement fondé sur les principes de la morale.

Pour atteindre ce but, ni le bon vouloir ni le patriotisme du Gouvernement et du peuple français ne sont suffisants; ce qu'il faut, c'est suivre les inspirations de la science qui conduit à la vérité par le calcul et qui seule peut mettre en lumière le moyen à choisir; ce qu'il faut, c'est laisser de côté tous ces projets qui ne sont que nuisibles tout en se présentant sous les dehors du patriotisme le plus pur. Tels sont les projets présentés pour la délivrance du territoire et le payement des trois milliards. Dans l'intérêt gouvernemental et financier de la France, non-seulement il n'est pas nécessaire de devancer le terme du payement, il faut à tout prix éviter de le faire, même en admettant que l'on pût réaliser la somme sans gêne aucune, sans sacrifices, cette somme fût-elle offerte par le peuple lui-même. Tous les désastres subis jusqu'à cette heure ne seraient pas comparables aux conséquences funestes qu'entraînerait fatalement une semblable mesure; la ruine serait inévitable. Nous sommes donc en opposition complète avec l'opinion de ces hommes qui d'une manière ou d'une autre se sont mis avec une grande ardeur et un patriotisme incontestables à la recherche des moyens qui précisément sont les moins avantageux et qui n'auraient pas manqué d'entraîner la ruine du pays. Pour justifier cette opposition, nous laissons à leur patriotisme le soin d'apprécier les motifs qui nous l'ont dictée.

Le cours de toutes les valeurs françaises baisserait de moitié, et de plus, du jour où la France ne pourrait plus compter sur l'affluence de plus de cent mille étrangers qui lui apportent le puissant concours des plus belles fortunes du monde entier. Que dans un pays quelconque, une fortune s'élève au-dessus du niveau commun, aussitôt elle arrive en France, et à sa suite l'opulence, le luxe, je dirai même la profusion; et notez bien que la plupart de ces cent mille étrangers sont puissamment riches : ce sont des potentats, des rois, des empereurs, en un mot des fortunes de premier ordre, puisque le petit nombre d'entre elles qui sont de peu d'importance ne font à Paris qu'un court séjour tout en permettant à leurs possesseurs d'y vivre grandement. Si nous établissons un terme moyen entre les millions que dépensent les uns, les centaines de mille francs que nous apportent les autres et les quelques milliers qui font la part des derniers, en évaluant à vingt mille francs par an, tout compte fait, l'apport de chacun d'eux, on arrive à la somme fabuleuse de deux milliards de francs, et c'est là un produit net pour la France, puisque c'est à peine s'il faut en déduire quelques matières premières. Cet argent reste tout entier dans le pays et contribue au développement de sa grandeur et de sa richesse. Il n'y a pas de pays, en y comprenant même l'Angleterre, qui ait comme la France profité, pendant de longues années, du concours d'étrangers puissants et possesseurs de fortunes colossales ; si bien qu'à ses richesses propres, qui certes sont considérables, elle a vu s'ajouter une grande partie de celles des pays étrangers. On peut donc dire que la France est le débouché où viennent se prodiguer les plus grandes fortunes de toutes les autres parties du monde, et que c'est à cela qu'il faut attribuer son accroissement et la fermeté de son marché.

Déjà cette ressource a diminué et ne tarderait pas à disparaître entièrement si, entre autres fautes, on allait commettre celle de devancer l'échéance des trois milliards que l'on doit à la Prusse. Vous aurez la preuve de ce que j'avance en observant froidement le résultat produit par l'extraction des deux premiers milliards. Là est la cause du bouleversement qu'a subi le numéraire des banques de France et d'Angleterre. En Angleterre, en effet, nous avons vu l'intérêt de l'argent monter jusqu'à cinq pour cent, tandis qu'en France il s'élevait à six et à sept pour cent, malgré tout le crédit de leur papier. Et ne croyez pas qu'il soit sorti de ces banques deux milliards ; par le fait on a payé moins de un milliard, puisque du deuxième, quatre cents millions seulement devaient être payés à terme fixe, et les six cents millions restant, par le fait de compromis passés entre la France et l'Allemagne, compromis peu ou point connus, ne sont point sortis des banques d'Angleterre et de France ou y sont retournés. Qu'en résulte-t-il? C'est que la sortie de nouveaux milliards suffirait pour amener une crise nouvelle. Supposez maintenant le payement du troisième et du quatrième milliard effectué ce sera pis encore; et qui pourrait prévoir les conséquences qu'entraînerait après lui le payement du cinquième milliard? Selon la science économique et vu l'état du pays, ces conséquences seraient bien plus dangereuses que celles qu'aurait amenées le payement des quatre premiers. Permettez-moi une comparaison : Voici un homme robuste et bien constitué; qu'on lui enlève une livre de sang, vous le verrez souffrant et inquiet; à la deuxième qu'on lui enlèvera, il sera doublement affecté; à la troisième, son dépérissement n'aura fait qu'augmenter; à la quatrième, à la cinquième, son état sera de plus en plus mauvais, la mort s'ensuivra.

Ainsi tous les étrangers et avec eux bien des fortunes françaises émigreraient et iraient en grande partie à Berlin, où se dirige tout l'or, ou bien à Bruxelles, et dans bien d'autres lieux où leur affluence se fait sentir.

Que la France paye avant le terme des deux années qui lui est à peine accordé, et vous verrez Berlin devenir une véritable Californie. Personne n'ignore tout ce que les intérêts de l'humanité auraient à souffrir d'un pareil événement.

L'Allemagne deviendrait d'autant plus puissante et d'autant plus riche que plus grands seraient la décadence, le dépérissement de la France et de l'Anglerre. Le métal, l'or sonnant que contiennent les banques de ces deux pays, est loin d'atteindre le chiffre nécessaire pour couvrir tout le papier en circulation. En admettant même qu'on y ajoute le métal déposé dans quelque autre des banques de l'Europe, on n'atteindra pas le chiffre de trois milliards de francs. C'est que bien peu de personnes se rendent compte de l'énormité de ce chiffre, de la signification au point de vue économique de ces richesses accumulées, de la force, de la puissance concentrée dans une somme aussi énorme. Evaluez à quatre cents et quelques millions de livres sterling l'effectif des espèces circulant dans le monde entier ; l'indemnité due à la Prusse s'élève à cinq milliards de francs, qui, en monnaie anglaise, donnent la somme de deux cents millions de livres sterling ; ajoutez-y les intérêts et l'entretien des troupes d'occupation, il n'est pas douteux que cette indemnité absorberait beaucoup plus de la moitié du numéraire en circulation dans le monde entier. A cette immense et prodigieuse opération ajoutez la précipitation, la violence inévitable pour devancer le terme déjà si rapproché, vous commettrez une faute dont les conséquences certaines et irréparables ne se feront pas attendre. C'est là une question bien grave et bien délicate, qui, résolue dans ce sens, aurait des suites incalculables. Aussi n'avons-nous pas hésité à donner à l'Angleterre, voisine de la France, sa part dans les désastres qui en découleraient.

Ce serait doubler la somme à payer que de l'arracher violemment au pays, ce serait multiplier les malheureux effets de la contribution de guerre ; ce serait la décadence la misère, la désorganisation de la France, ce serait l'anarchie. Allez donc jusqu'au bout du terme qui vous est accordé, et alors il est probable qu'avec un gouvernement régulier, la France parviendra à triompher des résistances de la Prusse, et obtiendra un délai pour parfaire la somme. Vous pourrez ainsi supporter aisément la sortie de vos capitaux.

Tous les efforts faits et manifestés dans différents projets, tels que loteries, souscriptions, et autres, toutes chimères irréalisables, et qui, en matière d'économie politique, sont complétement dépourvues de sens commun, ne méritent pas, en vérité, le travail d'une discussion. Car tous ces millions, qu'ils soient offerts au Gouvernement par le peuple lui-même, n'en sortiront pas moins du pays, et alors, au point de vue financier, le résultat sera le même ; et c'est là un fait mathématique.

Que la France parvienne à contracter un emprunt avec l'Angleterre ou avec les Etats-Unis, elle ne pourra pas se soustraire aux conséquences du déplacement violent de ses capitaux ; car alors le banquier de Londres tirera sur celui de Paris et celui de Paris sur la Banque de France. Ce sera retomber dans la même difficulté que le temps seul peut aplanir à l'aide de mesures économiques et se heurter à un écueil encore plus dangereux. En un mot, pas de précipitation ; ne devancez pas le terme fixé, ne vous en prenez pas à une industrie, à une branche de commerce plutôt qu'à une autre : point de charges partielles, mais des mesures s'étendant également à tous ; point d'exclusion ; que personne n'ait le droit de se plaindre, que chaque citoyen reconnaisse que la part qui lui incombe dans le juste et patriotique devoir de secourir sa patrie n'est pas au-dessus de ses forces.

Dans les projets présentés pour le payement des trois milliards, on a beaucoup parlé de l'évacuation des départements occupés par quelques corps prussiens; on l'a présentée comme une nécessité de premier ordre, en tirant, bien entendu, de cette idée tout le parti possible. Il était évident qu'il n'y aurait pas un Français, à quelque parti politique qu'il appartînt, qui n'appuierait de toutes ses forces et de tout son cœur une semblable proposition. Tout en rendant hommage à ce sentiment, à cette sainte volonté du patriotisme français, unanimement manifestée, nous devons déclarer qu'ils ont été trompés; la délivrance de la partie du territoire occupée n'est pas une raison suffisante pour engager le sort de la nation tout entière dans un payement anticipé qui serait sa perte; non plus que l'argument qui consiste à présenter l'occupation comme une humiliation. Tant que la France n'aura pas déterminé la forme de gouvernement qu'elle entend se donner, tant qu'elle ne se sera pas reconstituée, une telle humiliation ne saurait exister; au contraire, c'est là une garantie nécessaire pour les deux pays et pour le Gouvernement lui-même. Considérez, en effet, les terribles événements qui se sont accomplis, et ne perdez pas de vue les attaques anti-patriotiques qui journellement sont dirigées contre le gouvernement, contre l'Assemblée elle-même. Ce n'est que le jour ou le système de gouvernement qui doit présider aux destinées de la France sera adopté, qu'il sera opportun de demander, de réclamer même instamment l'évacuation des provinces encore occupées par des forces prussiennes. Alors la Prusse devra consentir à cette mesure sans se retrancher derrière le terme fixé

pour le payement de la dette et le service de ses intérêts.
Si le cabinet de Berlin ne se prêtait pas à cette combinaison, il s'exposerait à des conséquences qui certes seraient
désastreuses pour la France ; mais alors cette grande
puissance ne manquerait pas d'entraîner à sa suite l'Europe entière, et la première victime dans ce bouleversement général serait la Prusse, sur laquelle retomberait
toute la responsabilité d'avoir rendu impossible l'accom-
plissement des dures obligations imposées à la France
dans un délai rigoureusement déterminé, obligations ne
consistant à rien moins que dans le payement de la moitié
de l'espèce métallique circulant dans tout l'univers, en y
ajoutant les intérêts et l'entretien des troupes d'occupation.
De telles charges ne sont-elles pas, en effet, suffisamment
écrasantes par elles-mêmes, sans qu'il soit nécessaire d'en
ajouter de nouvelles, telles que l'occupation permanente,
par les troupes du créancier, d'une partie précieuse du
territoire qui doit produire les sommes nécessaires au
payement de l'indemnité? Il est, du reste, un principe de
jurisprudence universelle et de saine raison, qu'à l'impossible nul n'est tenu. Cela une fois établi, nous sommes né-
cessairement conduit à déclarer que nous demeurons convaincu que la Prusse ne saurait réclamer d'autre garantie
que celle d'un gouvernement approprié aux besoins de la
France et régulièrement établi.

La situation mise ainsi en lumière, bien qu'à grands
traits, nous croyons avoir démontré, pour couvrir le déficit, la nécessité de recourir à des procédés toujours en
accord parfait avec les préceptes et les règles, dont l'absence nous a fait écarter tous les autres. Nous vous sou-
mettons donc notre projet, formulé d'après la logique et
les principes établis, bien décidé à respecter ces règles et

ces principes dans leur généralité, dans leur égale application, dans leurs vues politiques et économiques, dans ce qu'ils ont de possible et de praticable, en un mot, dans leur simplicité comme dans leur facile exécution, tout en réservant la faculté de les modifier dans leur application.

PROJET DE LOI.

Ce projet consiste dans un subside général fourni, d'une part, par une augmentation pouvant varier entre cinq et dix pour cent sur toutes les recettes ; d'autre part, consistant en une diminution variant entre cinq et dix pour cent sur tous les payements, qu'il s'agisse des revenus ou des charges de l'Etat. Nous exceptons des premiers l'affranchissement des lettres, des secondes la ration du soldat et ce qui a fait la matière d'un traité international quelconque, laissant d'ailleurs au pouvoir exécutif toute liberté pour étendre ses exceptions à telle branche qui, par sa nature, ne se prêterait pas à cette combinaison ; ne dépassant pas comme limite inférieure extrême, l'intérêt de cinq pour cent dans le service de la dette publique. Nous permettons en outre d'étendre la même mesure aux revenus, aux charges des départements, des communes, et, selon les besoins, d'augmenter ou de diminuer le taux du subside entre les deux limites établies. Par ce moyen, le Gouvernement et l'Assemblée pourront se mouvoir dans un cercle moins restreint, plus aisément, sans se départir de leur véritable caractère.

Nous croyons que la simplicité de ce projet étant à la portée de tout le monde, ses avantages ne passeront pas inaperçus aux yeux des hommes les moins éclairés. Tout le monde comprendra, en effet, qu'il ne s'agit pas d'autre chose que de la détermination d'un système provisoire qui permette de faire face aux besoins du pays en établissant un véritable équilibre économique, tout en réservant les questions d'intérêt local pour le moment opportun. Nous allons toutefois soumettre à votre jugement quelques-unes des raisons qui nous paraissent le plus propres à démontrer notre pensée.

En premier lieu, apparaît la nécessité absolue d'alléger la tâche difficile dans laquelle le Gouvernement et l'Assemblée se débattent constamment : je veux parler des questions économiques. Nous mettons ainsi ces deux pouvoirs à l'abri de la critique et des antipathies qu'entraînent tout naturellement après elles les questions de ce genre. Tel est notre système : il découle de notre projet qui consiste essentiellement dans la juste répartition des charges, et dans les commodités qu'il présente, pour augmenter ou diminuer à volonté le chiffre du subside selon les besoins. La haute dignité de l'Assemblée est mise ainsi à l'abri de toutes interprétations fâcheuses qui n'ont plus leur raison d'être ; sa responsabilité morale est complétement dégagée sur le terrain toujours délicat et mesquin des questions économiques ; son véritable caractère d'Assemblée extraordinaire ne peut plus être confondu avec celui d'une simple Assemblée législative, et tout en se maintenant dans les limites qui lui sont conférées elle peut autoriser le Gouvernement à fixer le taux du subside, sans engager pour l'avenir la politique du pays, sans faire dépendre son salut d'accidents économiques.

En second lieu figurent les facilités données au Gouvernement pour comparer le contingent fourni au subside par les revenus, à celui que lui apportera l'impôt sur les charges; contingents qui l'un et l'autre doivent donner un résultat exactement semblable, en tenant compte toutefois des quelques branches exceptées de la mesure. En outre, on aura là un moyen de mettre au jour une foule d'abus et même de fraudes qui, le plus souvent, échappent à sa connaissance. De telle sorte, que ce projet aurait sa raison d'être, n'eût-il pour but et pour résultat que d'arriver à cette comparaison.

Vient en troisième lieu la facilité de son exécution. Il n'est pas besoin de nouveaux employés, on n'a pas à recourir à des changements qui ne seraient pas sans dangers. Il rentre en effet dans les attributions de tous les bureaux de recette et de payement, sans travail autre que celui d'adjoindre à chaque compte ou reçu, la part du subside, soit comme crédit, soit comme débit.

Remarquez, en quatrième lieu, que les membres de l'Assemblée nationale, ceux du Gouvernement, tous les envoyés diplomatiques, les fonctionnaires, les employés de tous grades, en un mot tous les habitants de la France, étrangers ou indigènes, depuis le mendiant jusqu'au plus riche, tout le monde sans exception est appelé, et sans s'en douter, grâce à l'économie de ce système, à donner sa part, grande ou petite, au contingent demandé.

N'oublions pas, en cinquième lieu, que toute charge particulière à une industrie ou à une branche de commerce, pourrait avoir les conséquences les plus graves et pour produit des résultats négatifs. C'est que ne sachant quel gouvernement est appelé à conduire les affaires des sujets ou citoyens soumis aux droits et aux charges, tout système d'impôts est bien aventuré, puisque les droits et les charges imposés à un peuple gouverné militairement et sous le régime monarchique sont bien différents de ceux qui conviennent à un peuple soumis à des institutions civiles et républicaines. Voilà pourquoi ces mesures ne sont pas admissibles ; voilà pourquoi il sera toujours imprudent d'y avoir recours, avant que le pays ait reçu la consécration du mode de gouvernement qui doit présider à ses destinées. C'est précisément là le sort qui attend l'impôt sur le tabac ; jusqu'à ce jour, en effet, il n'a été utile qu'à la contrebande, qui y a vu un nouveau stimulant à ses intérêts. Par suite, c'est un impôt qui diminuera les ressources au lieu de les augmenter et dont les résultats seront aussi improductifs que ceux qu'a donnés l'augmentation des droits de poste. La poste, en effet, a vu ses revenus diminuer au lieu d'augmenter, tandis que le public supportait des charges nouvelles et que le Gouvernement, au lieu d'un apport plus considérable, n'y a trouvé que diminution.

La sixième considération servira à démontrer que le subside fourni par les revenus, même dans son application aux droits d'importation, rend évidente l'harmonie du projet, en ce qu'il s'applique à toutes les branches, dans sa prévoyance de tous les accidents, la prévision des contrariétés de toutes sortes inséparables de la situation politique de la France. Et nous parlons ainsi, convaincu que nous sommes que le subside fourni par l'augmentation des droits d'importation ne peut être discuté par aucune des puissances liées avec la France par des traités de commerce. C'est ainsi que l'Angleterre l'a fort bien dit lorsqu'il s'est agi de la dénonciation de son traité. On verra encore ici une preuve nouvelle que la question des tarifs, celle de tout impôt partiel et celle des traités de commerce, doivent à tout prix être écartées pour le moment, et cela pour les motifs déjà établis. Le moment, en effet, n'est point favorable, pour que la France puisse en tirer tout le parti qu'elle en tirera du jour où, organisée sous le système de Gouvernement qui doit la régir, elle sera dans la plénitude de ses droits, de ses forces ; du jour où sa voix pourra se faire entendre et respecter, au lieu d'être à la merci des considérations qu'il plaira de faire valoir auprès d'elle. Dans des questions de cette sorte, où se trouvent engagés des intérêts de premier ordre pour la situation future des puissances contractantes, il faut choisir le moment, attendre qu'il soit opportun et qu'on puisse les traiter avec avantage et convenance. Ce qu'il faut éviter, c'est de les soulever dans la situation si critique, si incertaine et si peu définie de la France. Après cela nous comptons sur le bon sens, sur la sagesse du Gouvernement, pour ne pas laisser passer ces considérations sans la plus sérieuse attention.

En septième lieu, nous placerons la hausse qui se fera sentir dans la rente française, et par suite, dans toutes les valeurs du marché. Tout d'abord, les pessimistes et les spéculateurs ne manqueront pas de jouer la baisse, une baisse de un ou deux pour cent en raison du prélèvement de cinq pour cent effectué sur leurs rentes. Mais bientôt on reconnaîtra que les effets du subside s'appliquant à tout en général, à l'actif comme au passif, le Gouvernement sera placé dans un centre d'action d'autant plus solide et d'autant mieux équilibré qu'il sera soutenu par tous. N'est-il pas, en outre, plus qu'évident que les plus favorisés par notre projet seront les créanciers du Gouver-

nement, en tête desquels figure la Prusse? Certes, ces avantages, n'échapperont ni à la sagacité de M. de Bismark,
ni à la pénétration du cabinet de Berlin. Iraient-ils volon-
tiers s'exposer à être compris dans l'exception prévue par
le projet au sujet des compromis internationaux? Bien loin
de là, on doit compter avec juste raison sur leur acquies-
cement et leur bon vouloir; car ce n'est pas dans la désorganisation et dans la ruine de la France, mais bien dans
ses grandes institutions, dans ses progrès, que la Prusse
trouvera sa sûreté et son véritable développement.

Ainsi donc le déficit sera couvert et l'équilibre rétabli
par des ressources intarissables, puisque la mesure s'étend,
non-seulement aux fonds d'État, mais encore aux ressources départementales; puisque, encore, le taux du subside peut être élevé ou abaissé selon les besoins, selon
les événements. Alors, pour la première fois, la richesse
de la France apparaîtra d'une manière évidente, et nous
n'aurons plus devant les yeux le spectacle aussi triste que
navrant, du trois pour cent anglais supérieur au cinq pour
cent français : surtout quand il demeure évident que la
France est la nation la plus puissamment riche du monde
entier, puisque à sa fortune propre viennent s'ajouter en
quantité les plus grandes fortunes des autres pays.

Si notre projet peut avoir l'honneur d'être agréé, nous
nous ferons un devoir de présenter, en son temps et lieu,
le second qui en est le complément et qui appartient à la
même école et au même système. Il faut arriver d'une manière positive à l'abaissement de l'intérêt de l'argent à un
taux moindre de celui qui se paye en Angleterre. Le subside dont il s'agit sera alors inutile, car les revenus de
l'État seront suffisants pour subvenir à tous les besoins

du pays. Alors apparaîtra dans toute sa force le développement du commerce, des arts, de l'agriculture, de l'industrie ; alors la situation de toutes les classes sera améliorée,
des facilités de toutes sortes leurs seront accordées. Il faut
que la dette publique de la France atteigne le chiffre et
le niveau de la dette publique d'Angleterre qui est aujour-
d'hui la première du monde : c'est le seul moyen d'assurer
l'accroissement de la richesse, le bien-être de tous. Grâce
à ce système favorisant tous les intérêts, vous jouirez de
la paix publique et vous verrez le Gouvernement présider
aux destinées de la France, soutenu par l'opinion publique
désormais imbue de ces principes, qui seuls, sont capables
de mettre fin au désordre, à l'anarchie, de soutenir la
morale, la justice, l'égalité, et d'assurer la liberté d'un
peuple vraiment civilisé.

Paris, le 22 avril 1872.

MAN^{el}. CAMACHO.

40, rue Laffitte.

Paris, imprimerie Paul Dupont, rue Jean-Jacques-Rousseau, 41 (1800.4.72.)